ANALIZA KSIĄŻKI

W albo wspomnienie z dzieciństwa

Georges Perec

ANALIZA KSIĄŻKI

Napisany przez David Noiret
Przetłumaczony przez Kâmil Kowalski

W albo wspomnienie z dzieciństwa

GEORGES PEREC

GEORGES PEREC

PISARZ FRANCUSKI

- **Urodził się w Paryżu w 1936 roku.**

- **Zmarł w Ivry-sur-Seine w 1982 roku.**

- **Godne uwagi prace:**

  - *Things: A Story of the Sixties* (1965), powieść

  - *Pustka* (1969), powieść

  - *Life: A User's Manual* (1978), powieść

Georges Perec to jeden z najbardziej znanych pisarzy francuskich XX wieku. Po studiach historii i socjologii na Sorbonie w Paryżu został archiwistą w Zakładzie Neurofizjologii Francuskiego Narodowego Centrum Badań Naukowych. Zdobył Nagrodę Renault za swoją pierwszą powieść Rzeczy. Od 1965 roku, kiedy ukazały się Opowieści z lat 60., poświęcił się literaturze. W 1967 roku autor Raymond Quenault (francuski powieściopisarz, poeta i dramaturg, 1903-1976) i matematyk François Le Lyonnet (1901-1984) wykorzystali ograniczenia jako część swojego pisania. Jego twórczość literacka była później kojarzona z tą grupą. Do jego najbardziej znanych dzieł należą A Void (kryminał, w którym nie używa się litery "e") i Life. Instrukcja obsługi, która zdobyła nagrodę Medici w 1978 roku.

W ALBO WSPOMNIENIE Z DZIECIŃSTWA

GŁĘBOKA I POMYSŁOWA KSIĄŻKA

- **Gatunek:** powieść autobiograficzna

- **Wydanie źródłowe:** Perec, G. (2011) *W, czyli pamięć dzieciństwa*. Trans. Bellos, D. London: Vintage Books.

- **1 wydanie:** 1975

- **Tematy:** II wojna światowa, dzieciństwo, walka, sport, wyobraźnia, śmierć, pamięć

Rodzice Georges'a Pereca byli urodzonymi w Polsce Żydami, a ich śmierć podczas II wojny światowej (1939-1945) wywarła na niego głęboki wpływ. O tym wydarzeniu opowiada w tej autobiograficznej książce, która po raz pierwszy ukazała się w 1975 roku. Obok tej bolesnej narracji Gaspard Winckler, główny bohater drugiej narracji, opowiada swoją fikcyjną historię oraz historię W, pozornie idealnej wyspy w całości poświęconej sportowi. Te dwie pozornie niepowiązane ze sobą historie opowiedziane są w naprzemiennych rozdziałach. Rozdziały pisane kursywą (nieparzyste w części pierwszej i parzyste w części drugiej) opowiadają fikcyjną historię W, podczas gdy rozdziały pisane zwykłym tekstem opowiadają wspomnienia autora.

PODSUMOWANIE

NIEPEWNE WSPOMNIENIA

Perec stara się rozpocząć własną historię, ponieważ jego wspomnienia z dzieciństwa z okresu II wojny światowej są pełne luk i niejasności.

> *"Nie mam żadnych wspomnień z dzieciństwa. Do dwunastego roku życia lub później, moja historia składa się z zaledwie kilku linijek: Ojca straciłam w wieku czterech lat, matkę w wieku sześciu; wojnę spędziłam w różnych pensjonatach w Villard-de-Lans. W 1945 roku siostra ojca i jej mąż adoptowali mnie"* (s. 6).

Nieliczne wspomnienia, które zebrał, to fotografie komentowane przez jego rodziców, miejsca codziennego życia w Paryżu i głębokie refleksje na temat pisania. Ostatnie zdjęcie jego matki pokazuje, jak wysyła go na Gare de Lyon, aby mógł pojechać sam do Grenoble we Francuskiej Wolnej Strefie, gdzie opiekuje się nim jego ciotka Esther.

Perec rozpoczyna swoją narrację od przyjazdu do Villard-de-Lans w południowo-wschodniej Francji w 1942 roku, po przedstawieniu poszczególnych członków swojej rodziny. Z tego czasu ma jedynie nieuporządkowane, niespójne wspomnienia. Są one niepowiązane ze sobą, podobnie jak jego pisarstwo, i charakteryzują się brakiem punktów odniesienia. Tam zaczyna nowe życie.

Po przyjeździe mieszka przez jakiś czas w willi Les Frimas z ciotką Esther i kuzynką Elą. Ma żywe wspomnienia z koniem w kształcie litery "x" używanym do cięcia kłód oraz ze złamaną ręką. To jedyne rzeczy, które pamięta wyraźnie ze swojego pobytu: jedna prowadzi do refleksji nad kształtami ("x" składa się z dwóch "v", jak "w"), a druga zamienia ból psychiczny (wojna, utrata rodziców i zapomnienie dzieciństwa) w cierpienie fizyczne.

Wkrótce potem George zostaje wysłany do szkoły z internatem, której imienia nie pamięta, i uczęszcza na Uniwersytet Turenne, prowadzony przez dwie zakonnice i księdza Davida. Przyjął chrzest w 1943 r. Wspomina trudy wojny i Niemców odwiedzających jego szkołę.

W 1944 ukończył Turenne College i wyjechał z babcią do wioski Reims-en-Vercors. Tam został fałszywie oskarżony o zamknięcie dziewczyny w szafce sklepowej i zamknięcie jej w izolatce. Po emancypacji Georges mieszka ze swoją ciotką ze strony ojca, Berthe. Syn Berthe, Henri, jest od niego o kilka lat starszy i wprowadza chłopca w radość czytania i zabawy w pancerniki. Tworzą flagi reprezentujące Sengoku. Georges jest zafascynowany Henrim i postrzega go jako wzór do naśladowania. Po wojnie Georges, podobnie jak jego ciotka Esther, która go przygarnęła, wrócił do Paryża po śmierci matki w obozie koncentracyjnym.

Gdy Georges spisuje swoje wspomnienia, przypomina sobie historię W, którą wymyślił, gdy miał 13 lat. Dotyczyło ono "życia społeczności zajmującej się wyłącznie sportem, maleńkiej wyspy u wybrzeży Tierra del Fuego" (s. 7).

ZUPEŁNIE INNA HISTORIA

Bohaterem tej wymyślonej przez Georgesa powieści jest fałszerz Gaspard Winckler, który po zdezerterowaniu z armii zmienił tożsamość i przyjął ten pseudonim. Relacjonuje on swoją podróż do W.

Kiedy Gaspard mieszkał przez trzy lata w pensjonacie H w Niemczech, otrzymał list od Otto Apfelsthala z prośbą o spotkanie w hotelu Berghof. Kiedy obaj mężczyźni się spotykają, Otto pyta Gasparda o jego tożsamość. Otto wie, że Gaspard Winkler to tak naprawdę pseudonim. Ma dokumenty dotyczące głuchoniemego chłopca o imieniu Gaspard. Matka Gasparda, Kaecilia Winkler, należy do organizacji, która wydaje karty identyfikacyjne. Wraz z czterema innymi pasażerami wyrusza w podróż dookoła świata, aby wyleczyć Gasparda, młodego mężczyznę, który jest głuchy i niemy z powodu ciągłej samotności. Jednak ich jacht, Sylvander, tajemniczo zatonął podczas zbliżania się do Ziemi Ognistej, archipelagu u wybrzeży Ameryki Południowej.

Otto Apfelstahl był członkiem organizacji pomocowej dla rozbitków i powiedział Gaspardowi, aby znalazł młodego mężczyznę, który nosi jego imię i którego ciała nie znaleziono od czasu katastrofy statku. Po przeczytaniu dziennika pokładowego na jachcie obaj mężczyźni utwierdzili się w przekonaniu, że podczas rejsu musiało wydarzyć się coś strasznego. Gaspard Winkler, którego tożsamość pozostaje tajemnicą, zgadza się na podróż do tej nieznanej krainy. Po drodze dociera na wyspę W, niedaleko miejsca rozbicia statku.

WYSPA W CAŁOŚCI POŚWIĘCONA SPORTOWI

Gaspard skrupulatnie opisuje W, nie mówiąc czytelnikowi, kiedy i jak się tam dostał ani co tam robił. Sport rządzi wszystkim na tej wyspie. W składa się z czterech wiosek, po jednej w każdym kierunku, zamieszkałych przez około 400 sportowców-mężczyzn. Około 70 z nich to osoby początkujące. Chłopcy mieszkają z dziewczynami w tym samym wieku do okresu dojrzewania, a w wieku 14 lat przeprowadzają się na wieś. Po okresie izolacji stają się nowicjuszami. Lekkoatletyka i zapasy grecko-rzymskie należą do 22 dyscyplin sportowych. W każdej dyscyplinie na wioskę przypada 15 sportowców. Gracze z każdego pola rywalizują ze sobą w sąsiednich i niepowiązanych wioskach oraz na różnych stadionach między wioskami i na środkowym zachodzie.

Regularnie organizowane są duże zawody: olimpiady, spartakiady i atlantydy. Podczas tych zawodów ważną rolę odgrywają widzowie i organizatorzy (składający się z urzędników, sędziów, sędziów i dyrektorów sportowych), którzy mogą decydować o wymierzaniu kar, w tym wyroków śmierci, dla sportowców. Celem reguł narzucanych przez rząd i organizatorów jest wzbudzenie w zawodnikach głodu zwycięstwa, aby mogli uniknąć kar wymierzanych przegranym.

Ci na podium przyjmują imię pierwszego zwycięzcy każdego wydarzenia. Tak więc, podczas gdy niektórzy uczestnicy mają wiele imion, większość uczestników nie ma imion. Urzędnicy nie sprzeciwiają się niesprawiedliwości, ponieważ wierzą, że przypadek jest również częścią gry. Dlatego zastrzegają sobie prawo do interwencji w dowolnym momencie i przyznania uczestnikom losowych i arbitralnych utrudnień.

Kobiety są trzymane oddzielnie od mężczyzn i dostarczane nago najlepszym sportowcom w pogoni za kobietami raz w miesiącu podczas Atlantiady. Odbywają się turnieje mające na celu stworzenie nowych mieszkańców wyspy. Niewielu mężczyzn zasługuje na prawo do uprawiania seksu z kobietami po tym. Mężczyźni walczą bezlitośnie o kobiety, bo jest ich mniej niż mężczyzn.

Ostatecznie życie w W przypomina życie w obozie koncentracyjnym. Okazjonalne zwycięstwa sprawiają, że życie mężczyzn jest wygodniejsze, ale nie wymykają się kontroli nad wyspą. Tragiczny jest los sportowca, który nie ma ani praw, ani wolności. Wiele lat po wymyśleniu opowieści o W. Perec nabrał głębokiego przekonania, że jego dziecięce fantazje o obozach koncentracyjnych nie odbiegają od rzeczywistości historycznej.

STUDIUM POSTACI

NARRACJA AUTOBIOGRAFICZNA (TEKST ZWYKŁY)

Georges Perec

Georges Perec, oprócz tego, że jest autorem książki, jest również narratorem i głównym bohaterem tej części opowieści. Precyzyjne wskazówki świadczą o tym, że autor i narrator/postać to ten sam człowiek: na przykład obaj urodzili się "w sobotę, 7 marca 1936 roku, około dziewiątej wieczorem, w klinice położniczej mieszczącej się przy 19 Rue de l'Atlas w xix okręgu Paryża" (s. 19).

Poprzez tę historię autor próbuje zrekonstruować swoje dzieciństwo za pomocą zapisów, kilku wspomnień i dokumentów administracyjnych. Dlatego autentyczność postaci Georgesa Pereca z dzieciństwa może zostać poddana w wątpliwość, gdy jest ona badana, rekonstruowana i przedstawiana. Może nie być prawdziwa. Tak jest na przykład w przypadku złamanej ręki, o której dużo się mówi, zwłaszcza gdy mówimy o rozstaniu z matką, ale nie wiemy, jak to się stało.

Konieczne jest zatem oddzielenie narratora od bohatera: mimo że narrator rekonstruuje swoje dzieciństwo w oparciu o konkretne elementy, jego relacja bliższa jest fikcji niż prawdziwemu autorowi.

Rodzice Georges'a Pereca

Rodzice Georges'a Pereca są integralną częścią dzieciństwa, które próbuje odzyskać. Są odległymi, neutralnymi obrazami, wobec których nie wyraża on żadnych emocji. Ponieważ nie może polegać na swojej pamięci, autor kreśli ich portrety na podstawie informacji, które udało mu się zdobyć, takich jak zdjęcia, rozmowy i dedukcje.

Icek Judko Peretz

Icek Judko Perec jest Polakiem i ojcem Georgesa Pereca. Georges niewiele o nim pamięta, poza zdjęciami i opisami krewnych. Gdy wybuchła wojna, ojciec Pereca wstąpił do wojska. Zmarł 16 czerwca 1940 r., na kilka dni przed podpisaniem rozejmu z Niemcami, z powodu ran, których nie zdążył wyleczyć. Mały Georges zachowuje ten obraz swojego ojca jako żołnierza. Później idealizuje go, wyobrażając sobie różne heroiczne śmierci i zaczyna interesować się wyglądem żołnierza.Kiedy rozpoczyna proces introspekcji, odkrywa, że jego ojciec jest dla niego nieznaną osobą, którą wyjaśniają jedynie zdjęcia... Jak na ironię, o jego śmierci dowiadujemy się z dystansu.

Cyrla Schulevitz

Cyrla Schulevitz, która po ślubie we Francji przyjmuje nazwisko Cecile Peretz, pochodzi z licznej polskiej rodziny żydowskiej, która na początku lat 30. uciekła do Paryża. W Paryżu poznała Iceka Judko Pereca, wyszła za niego w 1934 roku, a w 1936 roku urodziła Georgesa, ich jedynego syna. Podobnie jak w przypadku ojca, narrator ma niewiele wspomnień o matce. Jego ostatnie wspomnienie to ona na peronie Gare de Lyon, gdy w 1942 roku wyjeżdża sam w Alpy. Później próbowała uciec ze stolicy, by uniknąć deportacji, ale osoba, która miała ją przemycić, nie pojawiła się na ich spotkaniu. Wierząc, że fakt, iż jest wdową oszczędzi jej problemów, Cyrla pozostała w Paryżu i została deportowana w styczniu 1943 roku.

Mając niejasne wspomnienia, śmierć ojca przed okupacją i wygnanie matki, autork zawsze myśli o Cyrli jako o młodej, delikatnej i kochającej kobiecie, która uciekła przed niszczącym działaniem czasu.

Esther

Esther jest ciotką Georgesa ze strony ojca. Poznaje go na dworcu w Grenoble i adoptuje po wyzwoleniu. Jest wielokrotnie wspominana w pierwszej części książki i odgrywa istotną rolę w życiu swojego bratanka. Zaprzecza lub koryguje wiele wspomnień Pereca. Przedstawiając punkt widzenia Esther na niektóre epizody, autor pokazuje, jak niepełne i oderwane od rzeczywistości mogą być jego własne wspomnienia. Na przykład Georges jest przekonany, że w dniu wyjazdu miał złamaną rękę, ale pozostali członkowie jego rodziny temu zaprzeczają: "Ani moja ciotka, ani kuzynka Ela nie mają żadnych wspomnień o tym złamaniu" (s. 79).

NARRACJA FIKCYJNA (KURSYWA)

Gaspard Winckler

Gaspard Winckler jest bohaterem i narratorem fikcyjnej narracji. Data i godzina jego narodzin są bardzo niejasne: mówi nam, że *"urodziłem się 25 czerwca 19... około godziny czwartej, w R., przysiółku trzech domów, niedaleko A."* (p. 4). Po krótkim okresie służby w wojsku dezerteruje, zmienia tożsamość i wprowadza się do niemieckiego hotelu. Jest jedynym naocznym świadkiem niesamowitych wydarzeń na wyspie W, z której w tajemniczy sposób uciekł.

Jego historia jest bardzo niejasna i wydaje się nawiązywać do historii chorego i wychudzonego chłopca o imieniu Gaspard Winkler.Jedna z nich przedstawia teraźniejszość mężczyzny (dorosłość), a druga jego przeszłość (dzieciństwo). Georges Pereca. Zgodnie z tym odczytaniem dorosły Gaspard Winkler wyrusza na wyprawę w dzieciństwie, podobnie jak robi to Georges Perec, pisząc swoje książki. Również jego inicjały są takie same jak Pereca, a pierwsza litera jego nazwiska odnosi się do wyspy W.

Czytelnik może zasadnie przypuszczać, że pod koniec pierwszej części Gaspard Winckler wyrusza w poszukiwaniu młodego chłopca, który dzieli jego imię, i odkrywa wyspę W. Użycie trzeciej osoby liczby pojedynczej w drugiej części może świadczyć o tym, że był on jedynie świadkiem wydarzeń na W, *"a nie aktorem"* (s. 4).

Co więcej, Gaspard Winckler jest również głównym bohaterem pierwszej ukończonej powieści Pereca, *Portret człowieka* (2012), jako wytrawny fałszerz. Jest on zatem postacią fikcyjną (w *W, czyli pamięci dzieciństwa*) sportretowaną w powieści (*Portret człowieka*) Georgesa Pereca, który jest również postacią fikcyjną w obu powieściach. Ten proces *mise en abyme* polega na włączeniu jednego dzieła do drugiego. Przykładem może być sztuka *L'Illusion Comique*

Pierre'a Corneille'a (francuski dramaturg i poeta, 1606-1684) z 1634 r., w której teatr znajduje się w teatrze.

Otto Apfelstahl

Otto Apfelstahl przedstawiony jest jako jedna z osób prowadzących Bureau Veritas, organizację ratującą ofiary katastrof statków. Spotyka Gasparda Wincklera w kawiarni i mówi, że wie kim jest i od kogo dostał swoją nową tożsamość. Następnie wysyła go na poszukiwanie młodej ofiary katastrofy statku Gasparda Wincklera, którego jacht zatonął u wybrzeży archipelagu Tierra del Fuego przy Ameryce Południowej i którego matka zginęła próbując znaleźć dla niego lekarstwo.

Osoba, która nakazała Gaspardowi Winklerowi znaleźć dziecko po jego imieniu, może być fikcyjnym psychoanalitykiem, który wysyła sobowtóra Georgesa Pereca (Gaspard Winkler) na poszukiwanie wspomnień z dzieciństwa (Młody głuchoniemy Gaspard Winkler zaginął na morzu). Podobną hipotezę wysuwa Manet van Montfrans w swojej książce Georges Perec. La Contreinte du Lille ("Georges Perec: Jeśli chodzi o nazwisko Otto Apfelstahl, van Montfrans powiedział:

- Ostatnia sylaba jego nazwiska przywołuje na myśl niemieckie wydawnictwo Stahlberg, które opublikowało niemiecki przekład książki Pereca *Rzeczy: A Story of the Sixties*. To stawiałoby postać Otto Apfelstahla w roli redaktora żądającego od swojego autora powieści.

- Jego imię i inicjał nazwiska mogłyby również nawiązywać do ambasadora III Rzeszy w Paryżu w czasie wojny, Otto Abetza. Wprowadziłoby to związek tej postaci z II wojną światową.

- Inicjały na pieczęci na jego liście, MD, mogły odnosić się do kariery lekarskiej: "Medical Doctor" po angielsku lub "Magister und Doktor" po niemiecku. Taka interpretacja czyniłaby go psychoanalitykiem, który próbuje nakłonić swojego klienta do przypomnienia sobie jego przeszłości.

Caecilia Winckler

Caecilia Winckler jest matką młodego Gasparda Wincklera. Jest "*światowej sławy austriacką śpiewaczką*" (s. 22), która w czasie wojny schroniła się w Szwajcarii i należy do organizacji, która wydaje dokumenty tożsamości lub paszporty osobom znajdującym się w trudnej sytuacji.

Etymologia jej imienia jest związana z łacińskim słowem cæcus, które oznacza "ślepy", fizyczną niepełnosprawność, która przypomina jej syna Gasparda. Jej imię jest również podobne do imienia matki Georgesa Pereca, Shilli Schlewitz, lepiej znanej jako Cecil. Istnieje więc wyraźny związek między fikcyjną postacią a matką pisarki, która została deportowana do Auschwitz w 1943 roku. Cecilia ratuje życie Gasparda Winklera, ujawniając tożsamość syna, a Cecil ratuje młodego Georgesa, wsadzając go do pociągu do Grenoble.

ANALIZA

ORYGINALNY UTWÓR AUTOBIOGRAFICZNY

W, czyli pamięć dzieciństwa opowiada dwie równoległe do siebie historie. Pierwsza dotyczy Georgesa Pereca, który musi polegać na dokumentach, aby opowiedzieć czytelnikowi o swoim dzieciństwie, ponieważ nie pamięta wczesnych lat swojego życia. Jest on jednocześnie narratorem i głównym bohaterem tej historii. Druga historia, której narratorem jest Gaspard Winckler, dezerter z wojska, opowiada o poszukiwaniu zaginionego dziecka, którego imię przyjął bohater. W tym drugim opowiadaniu, pisanym kursywą, narrator opisuje życie na wyspie W, blisko jednego z ostatnich miejsc, w których młody Gaspard był, zanim jego jacht poszedł na dno.

Dwie powiązane ze sobą historie

Choć te dwie historie wydają się bardzo różne od siebie, to tak naprawdę mają ze sobą wiele wspólnego. Tytuł książki, *W, czyli pamięć dzieciństwa,* wskazuje, że zawiera ona dwa opowiadania. Spójnik koordynacyjny "lub" natychmiast je rozdziela. Podkreśla jednak również fakt, że są one wymienne i równoważne, ponieważ tytuł tekstu mógłby brzmieć "W" albo "Wspomnienie dzieciństwa". Te dwa elementy odnoszą się zatem do wspólnego mianownika. Fakt, że "pamięć" występuje w liczbie pojedynczej, jest znaczący: wskazuje, że autor ma tylko jedną pamięć – tę o wojnie.

Ponieważ powieść składa się z dwóch części, kuszące jest myślenie, że jedna opowiada o życiu Georgesa Pereca, a druga o Gaspardzie Winklerze. Ale tak nie jest. Obie historie przeplatają się w każdym rozdziale, a narracje autobiograficzne i fikcyjne stoją obok siebie i w większości wchodzą ze sobą w interakcje, a narrator Gaspard Winkler ma tekst kursywą).

Czytelnikowi łatwo jest wyciągnąć paralele pomiędzy dwoma narratorami:

- Dwoje dorosłych szukało dziecka o tym samym nazwisku. Dla autora młody Perec i mały chłopiec o imieniu, które przyjął – Gaspard

- Oboje są sierotami, które zostały oderwane od swoich matek.

- Dwoje dzieci jest mniej więcej w tym samym wieku: część jego dzieciństwa, którą Perec próbuje odzyskać, to okres między jego narodzinami a wiekiem 12 lat, czyli wiekiem młodego Gasparda.

- Pierwsza litera Wincklera jest echem opowiadania "W", które Perec napisał, gdy był młodszy i odnosi się do jego dzieciństwa. Inicjały G.W. mogą więc odnosić się do fikcyjnego sobowtóra Georgesa, będącego częścią opowiadania "W".

- Obaj bohaterowie uciekają: dorosły Gaspard, dezerter z armii, ucieka przed wojną. Mały Georges zrobił to samo: uciekł z Paryża, by zamieszkać u ciotki.

Wypaczony pakt autobiograficzny

Chcąc zabrać czytelnika na poszukiwanie wspomnień z dzieciństwa, autor obiecuje: Obiecuje im dokładność i uczciwość (w miarę możliwości, bo z dzieciństwa prawie nic nie pamięta). W drugim rozdziale swojej narracji autor wyjaśnia, że stara się przywołać ważne przeszłości, aby zrozumieć swoją teraźniejszość i przyszłość.

> *"Nawet jeśli mam do dyspozycji tylko pożółkłe zdjęcia, garść relacji naocznych świadków i kilka mizernych dokumentów, aby podeprzeć moje niewiarygodne wspomnienia, nie mam innego wyjścia, jak wyczarować to, co przez zbyt wiele lat nazywałem nieodwołalnym" (s. 12).*

Odtwarzanie wspomnień wszelkimi dostępnymi środkami jawi się tu autorowi jako konieczność dla zrozumienia własnej tożsamości. Nie gwarantuje on jednak, że jego pamięci można w pełni zaufać: "liczne wariacje i zmyślone szczegóły, które dodałem, opowiadając je – w mowie lub na piśmie – bardzo je zmieniły" (s. 13). Zawiera zatem pakt z czytelnikiem: autor zobowiązuje się do przekazania czytelnikowi informacji najbardziej zbliżonych do rzeczywistości, przy czym informacje te nie muszą być koniecznie prawdziwe.

W poszukiwaniu wspomnień z dzieciństwa: narracja fragmentaryczna

Poprzez tę introspekcję Perec próbuje zrozumieć, kim jest dzisiaj. Praca ta jest także drogą do uzdrowienia z traumy wojny. Przytłaczające wspomnienia z konfliktu pozwalają mu zrozumieć, dlaczego zapomniał o tym okresie swojego dzieciństwa. Postrzega ją jako współczesnego mężczyznę, który w bardzo nierealistyczny sposób próbuje cofnąć, zmodyfikować, udoskonalić i usprawiedliwić swoje dzieciństwo. Ta fragmentacja jego pamięci znajduje odzwierciedlenie w powieści.

Rzeczywiście, jego wspomnienia pojawiają się w urywkach, tak jakby wyłoniły się dopiero w trakcie pisania tekstu przez autora. Proces ten jest tym bardziej widoczny, że Perec rozpoczyna swoje badania od komentarza do starego tekstu, który napisał na temat fotografii swoich rodziców, a który wykorzystuje do odtworzenia ich życia za pomocą elementów spoza swojej pamięci z dzieciństwa, takich jak dokumenty, rozmowy i badania. Fakt, że tekst jest retranskrypcją notatek zrobionych około 15 lat temu, sygnalizuje autor i typografia tekstu, który jest pisany pogrubioną czcionką. Ta retranskrypcja wydaje się ożywiać pewne szczegóły w pamięci narratora, ponieważ opatruje on tekst przypisami, aby wyszczególnić czytelnikowi rzeczy, których nauczył się od tamtego czasu. Następnie fragmentacja staje się jeszcze bardziej wyraźna: rozdziały są uporządkowane według wspomnień, które pozostają niejasne i wymieszane i nie mają żadnego logicznego porządku.

WSZECHOBECNOŚĆ II WOJNY ŚWIATOWEJ

Wojna, która zabiła jego dzieciństwo

Od pierwszych stron widać, że ta wojna będzie przeszkodą w poszukiwaniu przez narratora swojej tożsamości. W drugim rozdziale Perec stwierdza:

> *"Byłem usprawiedliwiony: inna historia, Historia z dużym H, odpowiedziała na to pytanie w moim zastępstwie: wojna, obozy" (s. 6).*

W rzeczywistości widzimy, że wojna dotknęła jego rodzinę szczególnie niszczycielsko, uśmiercając oboje rodziców. Jego ojciec był na pierwszej linii frontu, matka na wygnaniu. Wojna była zatem przyczyną jego upośledzenia pamięci i miała zdecydowany wpływ na jego wczesne życie

Kraj przygotowuje się do przyszłych operacji wojskowych i konfliktów. Wreszcie, jest to również wojna, w której Perec wymyślił na nowo swoje dzieciństwo, gdy miał mniej więcej trzynaście lat i napisał historię "W", która trwa tutaj. Zdaniem autorki jest to "przynajmniej moja historia z dzieciństwa, jeśli nie moja historia z dzieciństwa" (tamże).

Wyspa W: przedstawienie nazizmu

Opis wyspy W i jej zwyczajów ma kluczowe znaczenie dla powieści. Sporty wyczynowe są promowane i celebrowane na wyspie rządzonej przez służby cywilne. Chłopcy na wyspie od najmłodszych lat są szkoleni na sportowców. Szereg czynników może uświadomić czytelnikowi, że praktyki na wyspie są metaforami nazizmu.

- **Społeczeństwo W to dyktatura:** sportowcy nie mają swobody poruszania się i zależą od wyizolowanego rządu, ulokowanego z dala od nich w wieży. Nie mają kontroli nad własnym losem i muszą wykonywać wszystkie wydawane im polecenia. Są nieświadomi świata zewnętrznego i nawet nie próbują się buntować.

- **Intensywny trening sportowy przypomina Młodzież Hitlera,** organizację dla młodych mężczyzn w ramach III Rzeszy (państwo niemieckie w latach 1933-1945), która indoktrynowała i przygotowywała przyszłych żołnierzy do wojny. Zachęcano do ćwiczeń fizycznych i donosicielstwa na najsłabszych; nie byłoby przesadą porównanie tej organizacji młodzieżowej do treningu sportowców na W, który faworyzuje zwycięzców i skutkuje maltretowaniem przegranych.

- Z opisów wynika, że **wyspa ma bardzo uporządkowaną strukturę.** Sportowcy są zakwaterowani w czterech wioskach, a mężczyźni i kobiety są rozdzieleni od okresu dojrzewania. Wokół każdej strefy znajdują się elektryczne ogrodzenia. Poszczególne struktury na wyspie są jak nieuchronne więzienia, otoczone sieciami wysokiego napięcia. Można tu znaleźć analogię do organizacji obozów koncentracyjnych.

- Wybór **przedstawienia igrzysk olimpijskich** może również przypominać o olimpiadzie, którą Hitler (führer Niemiec, 1889-1945) zorganizował jako kanclerz w pierwszych latach sprawowania władzy. Wykorzystał on igrzyska jako propagandę do promowania nazizmu i rasy aryjskiej, a Niemcy znalazły się na szczycie tabeli medalowej. Co więcej, Igrzyska Olimpijskie pod rządami Hitlera odbyły się w 1936 roku, czyli w roku, w którym urodził się Perec.

- Wreszcie Perec przytacza na końcu książki *Univers concentrationnare* Davida Rousseta (francuski pisarz i polityk, 1912-1997) i czyni tę paralelę wyraźną:

> *"Strukturę obozów karnych wyznaczają dwie podstawowe polityki: brak pracy, ale 'sport', oraz drwiące żywienie. Większość więźniów nie wykonuje żadnej pracy, co oznacza, że praca, nawet ta najcięższa, jest postrzegana jako sknerstwo. Nawet najmniejsza praca musi być wykonana na najwyższych obrotach"* (s. 163).

Cytat ten uświadamia czytelnikowi podobieństwa między obozem a wyspą, zarówno pod względem kompozycji, jak i stylu narracji. Właściwie rozdział opisujący Wyspę W jest monotonny, niemal jak dokument historyczny. Nie ma tu oczywistej subiektywności. Narrator używa neutralnego tonu, opisując nawet najgorsze lęki wyspy, takie jak Atlantiades. W tym wyścigu uczestnicy rywalizują o przywilej publicznego gwałcenia kobiet w celu dalszego życia na wyspie.

WPŁYW OULIPO

Oulipo, skrót od *Ouvroir de littérature potentielle,* czyli "warsztat literatury potencjalnej", to rodzaj pisarstwa eksperymentalnego, polegającego na narzucaniu pisaniu ograniczeń tekstowych. Autorzy stawiają sobie za zadanie pokonanie tych ograniczeń, aby stworzyć swoje dzieło. Takie podejście zakłada przede wszystkim zabawę, pracę i eksperymentowanie z językiem, eksplorowanie wszystkich jego możliwości i uczynienie pisania interaktywnym, w ten sposób pozwalając autorowi na pełne wykorzystanie jego potencjału. Perec pasjonował się tym rodzajem pisania i pozostawił kilka jego śladów w *W, czyli pamięci dzieciństwa.*

Wordplay

Autor nieustannie bawi się słowami, ich możliwymi ukrytymi znaczeniami, ich homonimami i homofonami. Zjawisko to można zaobserwować przy wielu okazjach:

- **Dedykacja.** Perec dedykuje książkę "E", nie podając żadnych dalszych szczegółów:

  - Może to być inicjał imienia – może np. ciotka Estera, która opiekowała się nim w czasie wojny.

  - Może też oznaczać pierwszą literę francuskiego słowa *enfance* ("dzieciństwo"): dedykacja może więc odnosić się bezpośrednio do czasu, który próbuje odnaleźć na nowo.

- ○ Wreszcie E to litera, której brakuje w całej powieści Pereca *A Void,* i której nikt nie może odnaleźć. Czytelnik mógł zatem dostrzec związek między zniknięciem litery E a zniknięciem dzieciństwa Pereca.

- **"Historia z dużym H"** (s. 6). W oryginalnym tekście francuskim autor gra z homofonią, gdyż litera H ma taką samą wymowę jak słowo *hache* ("topór"). Kreśląc paralelę między historią z jej wielkim H a historią z wielkim toporem, autor podkreśla morderczy charakter historii, która dysponuje bronią zabijającą i niszczącą wszystko na swojej drodze, odbierającą życie i kradnącą wspomnienia.

Zabawy z liczbami

Autor bawi się również liczbami, a w szczególności liczbą 36, która nawiązuje do roku jego urodzenia.

- Książka, symbolizująca poszukiwanie owej "Pamięci dzieciństwa", składa się z 36 rozdziałów, a także z jednego krótkiego rozdziału w tekście zwykłym (pełniącego funkcję zakończenia), w którym Perec nie może sobie przypomnieć, co skłoniło go do opisania W, gdy był w wieku kilkunastu lat. Ten [37]. rozdział został napisany krótko po [37]. urodzinach autora.

- Igrzyska olimpijskie, użyte jako metafora nazizmu, odnoszą się do olimpiady w 1936 roku, która odbyła się w Berlinie pod rządami Hitlera.

Bardzo ważne w powieści są również liczby dwa i cztery. Liczba cztery ma pewne ciekawe właściwości matematyczne: jest wynikiem obliczeń $2 + 2$, 2×2 i 2^2. Dwa i cztery są wszechobecne w powieści. Rzeczywiście, w tej autobiograficznej narracji wszystko jest podwojone:

- Już tytuł zapowiada tę podwójność poprzez 'W', które jest napisane jak dwa 'v' i symbolizuje sobowtóra życia Pereca, Gasparda Wincklera. Ponieważ "v" składa się z dwóch odnóg, podwojenie go daje literę składającą się z czterech kresek, "w".

- Sama książka podzielona jest na dwie części. Pierwsza obejmuje wspomnienia z życia autorki przy Rue Vilin w Paryżu, druga zaś rozgrywa się w Villard-de-Lans. Są to dwa odrębne życia, każde rozwijające się w miejscu zaczynającym się na literę "v".

- Wyspa W, będąca domem dla ściśle zorganizowanego społeczeństwa, została rozplanowana jako kwadrat (czworobok o czterech równych bokach) zawierający cztery wioski sportowców (*"cztery osady zwane po prostu 'wioskami'"*, s. 71).

Zabawy z kształtami i znakami

Oprócz zabawy dźwiękami, literami, słowami i cyframi Perec eksperymentuje także z kształtami. Rozdział 2 mówi o kształcie, który narysował jako dziecko, którego górna część przypomina swastykę.

Autorka rozbija i przearanżowuje również kształt W: można go zamienić w X, swastykę, krucyfiks, trójkąty lub gwiazdę Dawida. Co więcej, W na ubraniach sportowców na wyspie W może nawiązywać do symbolu nazistowskiego:

> *"[Podstawową] figurą jest podwójne V [...] dwa V połączone czubkiem do czubka tworzą kształt litery X; przedłużając gałęzie X prostopadłymi odcinkami o równej długości, otrzymujemy swastykę [...] umieszczenie dwóch par V głową do ogona daje figurę, której gałęzie wystarczy połączyć poziomo, by powstała gwiazda Dawida" (s. 77).*

Również jako początkujący sportowiec nosi trójkąt skierowany w dół lub w górę (powód takiego umieszczenia nie wydaje się autorowi jasny). Połączenie tych dwóch trójkątów to Gwiazda Dawida. W ten sposób wyspa przypomina obóz koncentracyjny, a fakt, że niedoszli sportowcy mają wyhaftowane trójkąty z tyłu ubrania, przedstawia raczej więźniów należących do różnych grup więźniarskich niż sportowców. Można to nawet porównać do Żyda, łącząc dwa trójkąty w gwiazdę.

Autorska gra rozwija się na wielu poziomach, tworząc skomplikowaną plątaninę zagadek. Każdy szczegół został starannie dobrany i ułożony tak, aby wszystkie elementy były ze sobą powiązane. Jest tu wiele wątków do rozwikłania, zarówno dla autorów poszukujących zakończenia, wspomnienia z dzieciństwa, jak i dla czytelników stopniowo odkrywających tajemnice tekstu.

WYRAŻANIE TEGO, CO NIEWYPOWIEDZIANE

W tym poszukiwaniu wspomnień z dzieciństwa widzimy, że narrator decyduje się na neutralny, pozbawiony emocji ton:

- Śmierć swoich rodziców wspomina w sposób bez wyrazu, bardzo rzeczowy, bez cienia emocji: "Mój ojciec umarł powolną i głupią śmiercią" (s. 29).

- Przerażające wydarzenia, które mają miejsce na wyspie W, nie wzbudzają w narratorze żadnych prawdziwych uczuć. Są one opisane tak, jakby były częścią filmu dokumentalnego, co można zauważyć, gdy dowiadujemy się o Atlantydach. Narrator kończy niesmaczny opis zawodów na nucie oderwanej od okrucieństwa gry: "*Ta specjalna procedura, która czyni Atlantiady niepodobnymi do żadnego innego konkursu W ma, jak można sobie wyobrazić, kilka godnych uwagi konsekwencji*" (s. 125).

Nawet jeśli ta pozorna neutralność nie oddaje stanu ducha autora, to jednak wskazuje na głęboką ranę, jaką odniósł. Rana ta jest zasadniczo spowodowana szokiem związanym z pamięcią, której nie może odzyskać. Wreszcie, przemoc i ból, które są bardzo silnie obecne w tekście, mogłyby ukryć u autora raczej uraz psychiczny niż fizyczny:

- Wydaje się, że pamięta, iż jego ręka była w temblaku, kiedy matka zabrała go na stację kolejową, ale w rzeczywistości wyobraził to sobie. Być może to fizyczne odczucie zastępuje psychologiczny szok spowodowany rozłąką matki i syna oraz bólem serca związanym z tym nagłym wyjazdem.

- Fizyczne cierpienie zadane sportowcom na wyspie W może być również postrzegane jako łza pozostawiona w przeszłości autora przez wojnę. Historia skradła mu jego własną opowieść.

Nie bez znaczenia jest również fakt, że Gaspard Winckler jest głuchy i niemy. Mały Gaspard nie może powiedzieć tego, co czuje, ani usłyszeć tego, o co się go pyta. W tym jest nieco podobny do młodego Georgesa, na którego autorka spogląda wstecz. Jest nie do złapania i ani Georgesowi, ani dorosłemu Gaspardowi nie udaje się znaleźć tego, czego szukają. Ponadto możemy postrzegać Gasparda Wincklera jako symbol traumy, jaką wojna wywarła na życie i psychikę autora.

Ta oryginalna autobiograficzna opowieść przedstawia zatem niemożliwe do zrealizowania dążenie autora do odzyskania wspomnień z dzieciństwa i czasu, który spowodował amnezję. Perec może jedynie wyrazić swoje niezadowolenie z powodu niemożności pamiętania lub swobodnego wyrażania cierpienia, jakie przyniosła mu wojna. Czytelników zaprasza do wzięcia czynnego udziału w tym zadaniu i spróbowania rozwikłać długi wątek, który autor próbuje zamknąć. Powieść można zatem czytać jako grę fikcji i rzeczywistości, ukazującą przytłaczający wpływ wojny na życie młodego Pereca, ale jednocześnie potępiającą okropności tamtych czasów.

DALSZA REFLEKSJA

KILKA PYTAŃ DO PRZEMYŚLENIA...

- *W, czyli pamięć dzieciństwa* jest zarówno narracją autobiograficzną, jak i opowieścią fikcyjną. Wyjaśnij tę pozorną sprzeczność.

- Waszym zdaniem, jaki cel przyświeca autorowi w naprzemiennym przedstawianiu obu historii?

- Co można powiedzieć o różnych typografiach tekstu?

- Pierwsze zdanie drugiego rozdziału brzmi: "Nie mam żadnych wspomnień z dzieciństwa" (s. 6). Czy to zdanie jest sprzeczne z treścią książki? Rozwiń swoją odpowiedź.

- Życie na W jest w całości poświęcone sportowi. Wyjaśnij, w jaki sposób warunki życia sportowców przypominają warunki życia żydowskich więźniów.

- Czy oznacza to, że Perec ma negatywny stosunek do sportu, a tym samym do gier?

- Motto W brzmi: "Szybciej, wyżej, mocniej" (s. 140). Motto nazistów, umieszczone na bramie przy wejściu do obozu koncentracyjnego w Auschwitz, brzmi *Arbeit macht frei* ("praca czyni wolnym"). Hasło Pierre'a de Coubertin, ojca nowoczesnej olimpiady, brzmi *L'important c'est de participer* ("*ważną* rzeczą jest brać *udział*"). Czy te trzy motta są ze sobą sprzeczne? Czy istnieją podobieństwa między dwoma pierwszymi? Uzasadnij swoją odpowiedź.

- W jakim stopniu można powiedzieć, że Gaspard Winckler jest fikcyjnym sobowtórem Georgesa Pereca?

- W rozdziale 37 omówiono wydarzenie, które miało miejsce podczas pisania książki i wywołało rezonans u W. Co to jest? Wyjaśnij ten rezonans.

- Perec był zwolennikiem metod twórczych Oulipo, a jego twórczość często kształtują ograniczenia stylistyczne czy zabawy formą. Czy potrafisz wskazać któreś z nich w *W, czyli pamięci dzieciństwa*?

PRZECZYTAJ TAKŻE

WYDANIE REFERENCYJNE

Perec, G. (2011) *W albo wspomnienie z dzieciństwa*. Trans. Bellos, D. London: Vintage Books.

BADANIA REFERENCYJNE

Van Monfrans, M. (1999) *Georges Perec. La Contrainte du réel*. Amsterdam: Éditions Rodopi.

Chcemy usłyszeć od Ciebie, co się dzieje!
Zostaw komentarz na temat swojej internetowej biblioteki
i podziel się swoimi ulubionymi książkami w mediach społecznościowych!

www.50minutes.com

Master ISBN: 9782808694179
Papierowy ISBN: 9782808615570
Depozyt prawny: D/2023/12603/1837

Verhaal: © Primento

Projekt cyfrowy: Primento, cyfrowy partner wydawców.